Schildi Schildkröte macht Kinesiologie

Die besten Kinesiologie-Karten für die Kita

Bildnachweis

Layoutelemente:
Freepik.de/visnezh

Impressum

ISBN: 978-3-96046-141-8

Schildi Schildkröte macht Kinesiologie
Die besten Kinesiologie-Karten für die Kita

Klett Kita GmbH
Rotebühlstr. 77
70178 Stuttgart
Internet: www.klett-kita.de

Redaktion	Myriam Bork
Redaktionelle Mitarbeit	Heide Grehl
Autorin	Claudia Hohloch
Fotografie	Nicole Schielberg
Illustration	Alexandra Junge
Gestaltung und Satz	DOPPELPUNKT, Stuttgart
Druck	Grafik Media Produktionsmanagement, Köln

Gedruckt auf chlorfrei gebleichtem Papier.

Bibliografische Information der Deutschen Nationalbibliothek. Die Deutsche Nationalbibliothek verzeichnet diese Publikation in der Deutschen Nationalbibliografie. Detaillierte bibliografische Daten sind im Internet über http://dnb.d-nb.de abrufbar.

Inhalt

Vorwort

Liebe Leserinnen und Leser,

Kopfschmerzen, verspannte Schultern und das Gefühl, immer unter Strom zu stehen – das kennen in unserer schnelllebigen Welt schon Kita-Kinder viel zu gut. Die Kinder stehen unter Stress, können nicht unbeschwert ihren Interessen nachgehen und der Leistungsdruck steigt: Immer mehr rücken Entwicklungs- und Lernschwierigkeiten, angebliche Verzögerungen und Defizite in den Mittelpunkt. Dabei handelt es sich dabei oft um Blockaden, die durch zu wenig Bewegung und Entspannung entstehen. Anspannung, die nicht abgebaut wird, staut sich immer weiter an. Viele Kinder kennen das Gefühl von innerer Ruhe und Ausgeglichenheit gar nicht mehr, können sich nicht konzentrieren und sind frustriert. Doch was können wir tun, um den Kindern aus dieser Situation zu helfen?

Gezielte Bewegungsangebote schaffen Abhilfe. In der Kinesiologie finden sich hierfür schöne Übungen und Kombinationen, die Lernblockaden lösen, Anspannung abbauen und durch die Entspannung ein gesundes Großwerden ermöglichen. Denn Kinesiologie verbindet Lernen mit Bewegung.

Bei all meinen Werken ist es mir wichtig, dass das Bedürfnis der Kinder, durch spielen zu lernen, erfüllt wird. Dabei hilft die kleine Schildkröte Schildi, die die Kinder bei den Übungen begleitet. Schildi Schildkröte, die Entspannungsschildkröte, ist Expertin für Kinesiologie, Yoga und Achtsamkeit.

Übrigens: Schildi Schildkröte gibt es auch als Buch! Vielleicht kennen Sie die Reihe schon? Jede Ausgabe widmet sich einem Schwerpunkt wie Resilienz, Sprache oder Motorik. Die ausgewählten Übungen sind immer ganz speziell auf den jeweiligen Kompetenzbereich abgestimmt.

Ich freue mich, dass Schildi Schildkröte jetzt auch als Kartenset präsent ist, da die Karten einen leichten Einstieg ins Thema ermöglichen. Die Kinder können sich auch selbst ihre Lieblingsübungen aussuchen. Und damit die Kinder auch zu Hause eine kleine Schildkröte bei sich haben können, findet sich in diesem Begleitheft eine Bastelanleitung für eine eigene Schildi Schildröte.

Egal ob im Kindergarten, in der Turnhalle, der Schule oder zu Hause – dieses Kartenset ermöglicht es überall, die wohltuenden und förderlichen Übungen umzusetzen.

Hierbei wünsche ich viel Ihnen Spaß!

Herzlichst, Ihre
Claudia Hohloch

Steckbrief von Schildi Schildkröte

Name	Schildi Schildkröte
Rasse	Relaxis Testudines (Entspannungsschildkröte)
Alter	80 Jahre (was sehr jung ist, da Entspannungsschildkröten mindestens 799 Jahre alt werden – bei entspannter Lebensführung)
Aussehen	grüner Schildkrötenkörper, schwarze Augen, gemusterter Panzer, etwas längere Arme und Beine als eine normale Schildkröte, so dass die Entspannungsschildkröte gut Yoga machen kann
Ernährung	mag am liebsten Obst und Gemüse und frischen Salat
Hobby	alles, was mit Entspannung zu tun hat
Besonderes	hat schon viel erlebt und gibt ihre Tipps oder Lerninhalte gern in gereimter Form weiter

Was ist Kinesiologie?

Unter dem Begriff *Kinesiologie* versteht man die Lehre von der Bewegung. Der Grundsatz der Kinesiologie lautet, dass Bewegung sowohl das körperliche und seelische Wohlbefinden als auch das Denken und die Fähigkeit zu Lernen positiv beeinflusst. Körper und Geist sind immer als Einheit zu verstehen.

Die Kinesiologie ist eine ganzheitliche Heilmethode, die Lernblockaden durch Bewegung löst und es Menschen jeden Alters ermöglicht, unbeschwert (Lern-)Erfahrungen zu machen, Talente zu entdecken und Fähigkeiten zu verbessern. Übungen aus der Kinesiologie kommen daher zum Beispiel in der Lerntherapie zum Einsatz. Auch Lehrkräfte in Grundschulen verknüpfen immer häufiger Lerninhalte mit Bewegungen, um so entspannter größere Lernerfolge zu erzielen. Man nennt die Methoden der Kinesiologie daher auch *Lerngymnastik* oder *Brain Gym*.

Bereits im Kindergarten profitieren Kinder von dieser zusätzlichen Förderung: Durch gezielte Bewegungen können Energieströme angeregt, Spannungen gelöst und das Gehirn aktiviert werden, um so die Entwicklung zu unterstützen. Die Kinder erfahren innere Ruhe und Ausgeglichenheit, der Körper entspannt sich und der Kopf wird frei für neue Gedanken, Fantasien und Abenteuer.

Kinder lernen durch Bewegung – und entspannte Kinder lernen leichter

Durch die Anwendung bewegungsorientierter Entspannung kann sich also ein vermeintliches Entwicklungsdefizit (etwa im Bereich Sprache) als geistige Blockade herausstellen, die durch Leistungsdruck, Stress und Ängste entstanden ist.

Vorbeugend angewendet, entstehen Blockaden, Frust, Konzentrationsprobleme und sogenannte Verhaltensauffälligkeiten gar nicht erst. Die motorischen Fähigkeiten werden trainiert und das Selbstbewusstsein erheblich gestärkt. Von den Übungen in diesem Kartenset profitieren also alle Kinder.

Aber Kinesiologie ist nicht nur etwas für Kinder: Menschen jeden Alters können sich mal blockiert fühlen – hier können die Übungen ebenfalls (durch regelmäßige Anwendung) Abhilfe leisten. Probieren Sie es aus!

Schildi Schildkröte – die Expertin für Kinesiologie

Kinder sind von Natur aus neugierig und bewegungsfreudig. Schon von klein auf machen sie sich durch Bewegung ihre Umwelt zu eigen: Sie erklimmen die höchsten Kissenberge, schlagen sich durch den Klettergerüstdschungel und graben tiefe Sandkastentunnel.

In unserem oft hektischen Alltag kommt das aber manchmal zu kurz. Regelmäßige Bewegungsangebote schaffen den nötigen Raum dafür und lassen Bewegung zu einem schönen Ritual werden.

Kinesiologie mit Schildi Schildkröte

Schildi Schildkröte, die Entspannungsschildkröte, ist Expertin für Entspannung durch Bewegung. Sie hat kindgerechte Übungen im Gepäck, die den Kindern helfen, Stress abzubauen, Blockaden zu lösen und ihren Körper besser wahrzunehmen. Sie werden achtsamer und selbstbewusster. Schildi begleitet die Kinder auf ihren Abenteuern, ist Ansprechpartnerin, Freundin und motiviert.

Schildi hüllt ihre Übungen immer in kurze Mitmachgedichte und -geschichten (ab Seite 11) sowie Merkreime (auf den Kartenrückseiten) und verbindet Kinesiologie dadurch mit Fantasie und Spiel. Die Kombination aus gereimten Worten und Bewegung hilft, dass sich die Übungen bei den Kindern gut festigen können.

Schildi für alle!

Damit jedes Kind eine eigene Schildi bekommt, basteln sie sich ihre kleine Schildkröte einfach selbst. Eine Anleitung dafür finden Sie im Anhang. Eine Schildi Schildkröte für die Gruppe – ob gebastelt oder als Stofftier – sollte bei den Übungen immer dabei sein.

Tipp Bei Traumreisen oder anderen Entspannungsübungen können sich die Kinder die Schildkröte auch auf den Bauch legen und ihren eigenen Atem beobachten. Das hilft, noch tiefer in die Entspannung zu kommen.

Einsatzgebiete für Kinesiologie

Egal, ob als Vorbereitung für eine Lerneinheit, zur Entspannung vor der Mittagspause, als kleiner Energiekick vor neuen Herausforderungen oder zum Einstimmen auf Konzentrations- oder Entspannungsübungen – mit dieser Kartenbox liegen Sie immer richtig!

Die Kinesiologie-Karten können für eine kleine Bewegungseinheit zwischendurch oder als Vorbereitung für kommende Aufgaben schnell und einfach in den Kindergartenalltag integriert werden. Die Karten selbst bieten die Möglichkeit, Übungen ganz individuell auf Alltagsthemen in der Einrichtung zuzuschneiden oder gezielt auf Bedürfnisse einzelner Kinder einzugehen. Als Einzelübung mit nur einer Karte oder aber als Übungsfolge mit mehreren Karten – ganz flexibel, je nach Bedarf. Die Reihenfolge der Übungen ist dabei variabel. Nehmen Sie einfach die Karten zur Hand, die Sie benötigen. Anregungen für tolle Kombinationen finden Sie auf den nächsten Seiten.

Die anschaulichen Bilder auf der Vorderseite der Karten machen den Einstieg leicht und ermöglichen es den Kindern sogar, allein zu üben. Wenn sie die Übungen bereits kennen, finden sie sich schnell zurecht und können sich ihre Lieblingshaltungen aussuchen.

Die Übungen in diesem Kartenset

Jeder Mensch, jedes Kind hat andere Bedürfnisse: Was für den einen wichtig ist, hat für den anderen wenig Bedeutung. Was der eine genießt, ist für den anderen vielleicht überflüssig. Das gilt auch für Bewegung. Da ist es gut, wenn jeder selbst, ganz für sich und sein Kind oder seine Gruppe, Übungen zusammenstellen kann.

Dieses Kartenset enthält 20 kindgerechte Übungen aus der Kinesiologie und 12 fertig vorbereitete Bewegungsfolgen aus verschiedenen Übungen. Abgestimmt auf die Bedürfnisse jedes Kindes können so die passenden Haltungen ausgewählt werden.

So sind die Karten aufgebaut:

Die Übungskarten

Auf den Übungskarten (blau) ist auf der Vorderseite die kinesiologische Übung dargestellt. Auf der Rückseite finden Sie eine detaillierte Anleitung, die Wirkung der Übung und einen Merkreim von Schildi Schildkröte, mit dem sich die Haltung noch besser festigt. Sie sehen auf einen Blick, wie die Übung umgesetzt wird und wozu sie dient: Der Gute-Laune-Griff baut zum Beispiel Stress ab, beim Ohrenauffalten werden Gleichgewicht und Hörverständnis verbessert. Jede Übung hat eine Nummer, damit Sie schnell die richtigen Karten zur Hand haben.

Die Übungen im Überblick

1. Gute-Laune-Griff
2. Überkreuz
3. Hand und Faust
4. Arme brezeln
5. Ohren auffalten
6. Positivpunkte
7. Liegende Acht
8. Wadenpumpe
9. Nackenrolle
10. Anschaltpunkt
11. Armaktivierung
12. Synchronzeichnen
13. Raumlagepunkt
14. Balanceknopf
15. Erdungspunkt
16. Schleife
17. Fußpumpe
18. Eulengriff
19. Beckenschaukel
20. Elefant

Die Kombikarten

Die Kombikarten (orange) verbinden bis zu 4 Übungen zu einer sinnvollen Bewegungsabfolge. Jede Kombination hat einen bestimmten Schwerpunkt: von Ruhe und Ausgeglichenheit über Konzentration bis zur Hand-Auge-Koordination ... Die Übungsabläufe sind schon fertig vorbereitet und können direkt eingesetzt werden. Vor allem Kinesiologie-Neulingen erleichtert das den Einstieg. Aus den Übungskarten können natürlich auch eigene Kombis geschaffen werden!

Die Kombinationen im Überblick

- Schildi konzentriert sich (Nr. 2, 10, 7, 1)
- Schildi liest gern (Nr. 5, 9, 18, 6)
- Schildi malt Achten (Nr. 11, 7, 12, 16)
- Schildi ist voller Energie (Nr. 10, 13, 2, 5)
- Schildi merkt sich's leicht (Nr. 2, 17, 7, 6)
- Schildi malt gern (Nr. 16, 11, 7, 12)
- Schildi hat's im Blick (Nr. 2, 15, 18, 7)
- Schildi entspannt sich (Nr. 1, 7)
- Schildi ist zufrieden (Nr. 1, 6)
- Schildi träumt gut (Nr. 19, 1, 7, 6)
- Schildi löst Verspannungen (Nr. 20, 19, 9, 18)
- Schildi hört gut zu (Nr. 8, 17, 9, 5)

Kinesiologie im Kita-Alltag – so klappt's!

Kinesiologie tut Kindern gut – keine Frage. Doch wie sollen die Übungen in den ohnehin schon vollgepackten Kindergartenalltag integriert werden?

Am Anfang empfiehlt es sich, die Übungen als Ritual in den täglichen oder wöchentlichen Ablauf mit einzubauen. Kinder lieben Rituale und Neuerungen werden so schneller fester Bestandteil des Alltags. Der folgende Ablauf kann zum Beispiel sinnvoll sein:

- Begrüßung mit Schildi Schildkröte (in der ersten Einheit gerne mithilfe des Steckbriefes)
- Sonnengruß mit Schildi Schildkröte (ab Seite 17)
- Vorstellen der kinesiologischen Übungen mithilfe der Karten
- Gemeinsames Umsetzen der Übungen, zum Beispiel mit einer schönen Mitmachgeschichte (Beispiele finden Sie ab Seite 11 in diesem Heft) und abschließendes gemeinsames Sprechen des Merkreims der Übungen
- Aufgreifen eines Kreativ-, Lern- oder Bewegungsangebots, das zu den Übungen passt
- Verabschieden von Schildi Schildkröte

Dieser Ablauf kann im Stuhlkreis leicht eingebaut, aber auch in einer Turnhalle aufgegriffen werden. Schildi Schildkröte (als Stofftier, Bastelexemplar oder Bild) sollte als gute Freundin bei den Bewegungseinheiten dabei sein. Mit einem kleinen Ritual kann so Großes bewirkt werden.

Tipps:

- Der Raum sollte gut gelüftet sein und eine angenehme, nicht zu warme Raumtemperatur haben.
- Idealerweise bietet er wenig bis gar keine Ablenkung (etwa durch Spielmaterialien).
- Achten Sie darauf, dass es nach dem Essen eine Pause gibt und die Kinder alle noch einmal zur Toilette gehen können.
- Die Kinesiologie-Übungen lassen sich in Alltagskleidung ausführen, leichter fällt es aber sicherlich mit bequemer Kleidung.

Gedichte und Geschichten zum Mitmachen

Die Geschichten und Gedichte zum Mitmachen rund um Schildi Schildkröte tragen dazu bei, dass sich die Kinder die wohltuenden Haltungen und Übungsfolgen besonders gut einprägen können. Die freundliche Schildkröte macht den Einstieg in neue Themen leichter und ihre gereimten Sprüche haben sich schon vielfach bewährt. Einige Beispiele finden Sie auf den nächsten Seiten.

Selbstverständlich können immer neue Mitmachgeschichten ausgedacht und umgesetzt werden – die Karten machen dies leicht möglich, und der Kreativität sind dabei keine Grenzen gesetzt!

Besonders schön ist dabei aber immer, wenn Schildi Schildkröte auch bei den selbst ausgedachten Geschichten mit einem Reim zu Wort kommt. Durch den Reim wird Vertrautes beibehalten und die Kinder können sich die Übungen besser merken. Das ermöglicht ihnen auch, ihre Lieblingsübungen immer wieder allein oder zu Hause zu üben.

In den folgenden Geschichten und Gedichten sind alle Übungen dieser Kartenbox verbaut. Die jeweilige Übung und die Nummer der Karte werden am Anfang genannt, so können Sie die Übungen schnell heraussuchen und direkt loslegen.

Schildi im Zoo

Kombination aus

2 Überkreuz 19 Beckenschaukel 20 Elefant 11 Armaktivierung 7 Liegende Acht 10 Anschaltpunkt

Das bewirkt's

Die beiden Gehirnhälften werden miteinander verknüpft, Spannungen abgebaut, der Rücken und das Becken entspannt und die Konzentration gefördert.

Schildi Schildkröte schaut sich gerne die Tiere im Zoo an. Heute gehen wir zusammen mit Schildi in den Zoo *(Überkreuz)*!

Als Erstes besuchen wir die Seehunde. Schildi mag sie sehr gern, weil sie immer so fröhlich im Wasser spielen *(Beckenschaukel)*. Wenn der Tiertrainer den Seehunden einen Ball zuspielt, versuchen sie, ihn mit der Schnauze oder dem Schwanz zu erwischen.

Bei den Elefanten stehen wir eine Weile und schauen ihnen zu *(Elefant)*. Die ruhigen und langsamen Bewegungen sind sehr entspannend und wir genießen die Ruhe, die die großen Dickhäuter ausstrahlen.

Als Nächstes geht es zu den Giraffen mit dem langen Hals *(Armaktivierung)*. Schildi findet Giraffen faszinierend. Kaum zu glauben, wie schnell die großen Tiere rennen können, wenn sie müssen.

Nun möchte sich Schildi Schildkröte noch die Fische im großen Aquarium anschauen. Die vielen bunten Fische *(Liegende Acht)* schwimmen im Schwarm hin und her und ihre schillernden Farben lassen das Aquarium erstrahlen.

Zum Schluss schaut sie noch ins Tropenhaus rein. Die fröhlichen Schmetterlinge flattern mit ihren bunten Flügeln sehr nah an die Besucher heran – fast so nah, dass sie sie berühren können *(Anschaltpunkte)*.

Dann macht sich Schildi wieder auf den Heimweg, doch sie freut sich schon auf den nächsten Zoobesuch!

Freundschaft

Kombination aus

3 Hand und Faust 4 Arme brezeln 2 Überkreuz
6 Positivpunkte

Das bewirkt's

Die beiden Gehirnhälften werden miteinander verknüpft, Spannungen abgebaut, der Rücken und das Becken entspannt und die Konzentration gefördert.

Mal ja, mal nein –
was darf es sein?
(Hand und Faust)

Zwar sind wir nicht immer einer Meinung – das ist wahr,
dennoch ist unsere Freundschaft einfach wunderbar.
(Arme brezeln)

Gemeinsam gehen wir jeden Weg,
egal ob breite Straße oder schmaler Steg.
(Überkreuz)

Auch wenn ich mal was anders seh als du,
weiß ich, du magst mich trotzdem, und das ist der Clou!
(Positivpunkte)

Ich entspanne meinen Nacken

Kombination aus

9 Nackenrolle 18 Eulengriff 5 Ohren auffalten

Das bewirkt's

Nacken- und Schulterbereich werden entspannt, außerdem wird mit diesen Übungen das Hörverstehen gefördert.

Mit der Nackenrolle helf ich mir,
Verspannungen lösen sich, das verspreche ich dir.
(Nackenrolle)

Die Eule weiß genau wie's geht,
weshalb sie immer ihren Hals verdreht.
(Eulengriff)

Die Ohren genießen die Massage sehr,
hören kann ich dann noch viel mehr.
(Ohren auffalten)

Diese Übungen merk ich mir,
sie helfen mir flugs – wie es geht: Ich zeig es dir!
(gerne wiederholen)

Das Tafelkunstwerk

Kombination aus

8 Wadenpumpe 16 Schleife 12 Synchronzeichnen
13 Raumlagepunkt 17 Fußpumpe

Das bewirkt's

Die beiden Gehirnhälften werden miteinander verknüpft, Spannungen abgebaut und außerdem das Sprachverständnis gefördert sowie die Fähigkeit, die Zeile zu halten.

Schildi malt gerne – besonders auf die große Tafel!

Sie geht nach vorne *(Wadenpumpe)* und sucht sich eine Kreide aus.
Dann zeichnet sie ein schönes Haus an die Tafel *(Schleife)*.

Nach dem Haus möchte sie noch schöne Wolken malen *(Synchronzeichnen)*.

„Mhhh", überlegt sie, „was könnte noch fehlen *(Raumlagepunkt)*?
Ah, noch eine schöne, fröhliche Sonne!"

Dann setzt sie sich wieder hin und schaut sich ihr Tafelkunstwerk in Ruhe an *(Fußpumpe)*.
Sie ist sehr zufrieden und freut sich über das Tafelkunstwerk.

Malen macht mir immer Spaß,
denn wirklich wahr:
Die schönsten Kunstwerke entstehen da!

Ich geb auf mich acht

Kombination aus: 9 Gute-Laune-Griff 14 Balanceknopf 15 Erdungspunkt

Das bewirkt's: Diese Übungen fördern das innere Gleichgewicht und Wohlgefühl, außerdem werden die Organisationsfähigkeit und die Konzentration gefördert.

Auf mich acht ich ganz besonders gern,
Sorgen bleiben mir so fern.
(Gute-Laune-Griff – Teil 1)

So bin ich immer ganz bei mir,
atme tief durch, ganz im Jetzt und Hier.
(Gute-Laune-Griff – Teil 2)

Entspannung ist besonders wichtig für mich,
und bestimmt auch für dich.
(Balanceknopf)

So bin ich bei mir und tanke neue Energie,
und alles klappt noch besser – so gut wie noch nie!
(Erdungspunkt)

Schildi grüßt die Sonne

Kinder lieben Rituale. Schön ist es daher, wenn die Übungseinheiten immer mit dem gleichen Anfang eingeläutet werden. Hier hat sich Schildis Sonnengruß bewährt:

Schildi grüßt die Sonne ist eine abgewandelte Form des traditionellen Sonnengrußes, den Sie vielleicht aus dem Yoga kennen. Der Sonnengruß aktiviert, mobilisiert und wärmt den Körper auf. Der Rücken und die Wirbelsäule werden gedehnt und entspannt und die Muskulatur wird gekräftigt. Außerdem gibt der Sonnengruß Schwung für den Tag.
Die Haltungen werden fließend umgesetzt und bilden mit dem beigefügten Mitmachreim ein schönes Anfangsritual.

Ablauf

Schildkröte

Im Fersensitz die Knie leicht nach außen zeigen lassen und die Hände mit den Handrücken zusammenführen. Die Hände werden dann gemeinsam zwischen die Beine geschoben und der Kopf wird abgelegt.

Händegruß

Von hier aus in den Stand gehen und die Hände zum Gruß nehmen.

Rückbeuge

Mit dem Oberkörper sanft in die Rückbeuge gehen und die Arme mit nach oben nehmen.

Vorbeuge

In die Vorbeuge übergehen – die Hände hierbei zum Boden führen.

Krieger

Die Hände auf der Matte abstellen, das rechte Bein bleibt auf Höhe der Hände in gebeugter Haltung stehen. Das linke Bein wird gestreckt nach hinten geführt.
Hierbei darauf achten, dass das Knie nicht über die Zehen hinausragt, da es sonst zu Knieproblemen kommen kann. Der Blick ist nach vorn gerichtet.

Stütz

Das rechte Bein wird ebenfalls nach hinten geführt. Die Zehen sind aufgestellt.

Fersensitz

Aus dem Stütz in den Fersensitz übergehen, um dann nach vorn zu „schnuppern“: Der Oberkörper wird mit dem Gesicht ganz nah an der Matte nach vorn geführt.

Kobra
In die Kobra übergehen …

Hund
… und anschließend in den Hund.

Nun geht es rückwärts:
Aus der Haltung des Hundes heraus wird das linke Bein in der Beuge vorgestellt zu den Händen – das rechte bleibt gestreckt (Krieger – seitenverkehrt). Dann werden die Füße nebeneinandergestellt (Vorbeuge). Von hier aus aufrichten und in die Rückbeuge gehen. Anschließend den Sonnengruß mit dem Händegruß abschließen.

Bastelanleitung für Schildi Schildkröte

Material

- Eierkarton
- Fotokarton (grün)
- grüne und blaue Wasserfarben
- schwarzer Filzstift
- schwarzer Holzstift
- Wackelaugen
- Glitzersteine für den Panzer
- Schablone für den Körper

Damit jedes Kind seine eigene Schildi Schildkröte bekommen kann, finden Sie hier eine einfache Bastelanleitung für Papp-Schildis. Aus leeren Eierkartons gestalten die Kinder ihre Schildi, die sie dann beim Training begleiten kann.

So einfach geht's:

Kopieren Sie die Vorlage auf der nächsten Seite, schneiden Sie die Schablone aus und übertragen sie den Umriss auf grünes Tonpapier. Dann wird der Schildkrötenkörper ausgeschnitten und mit den Stiften und Wackelaugen ein fröhliches Gesicht gestaltet.

Für den Schildkrötenkörper werden die Gefäße für die Eier aus der Schachtel herausgeschnitten und mit grüner Wasserfarbe bemalt. Anschließend wird mit blauer Wasserfarbe ein Panzermuster darauf gezeichnet. Abschließend können die Kinder den Panzer noch mit Glitzersteinern verzieren und so einen richtigen Hingucker schaffen. Die Erzieherinnen kleben dann mit einer Heißklebepistole den Panzer auf den Körper. Fertig ist die kleine Schildkröte für zu Hause!

Übrigens: In der Buchreihe von Schildi Schildkröte – passend zu diesem Kartenset – gibt es neben vielen Mitmachgeschichten, weiteren Übungen und Traumreisen auch eine Nähanleitung für eine Stoff-Schildi!

Kopiervorlage

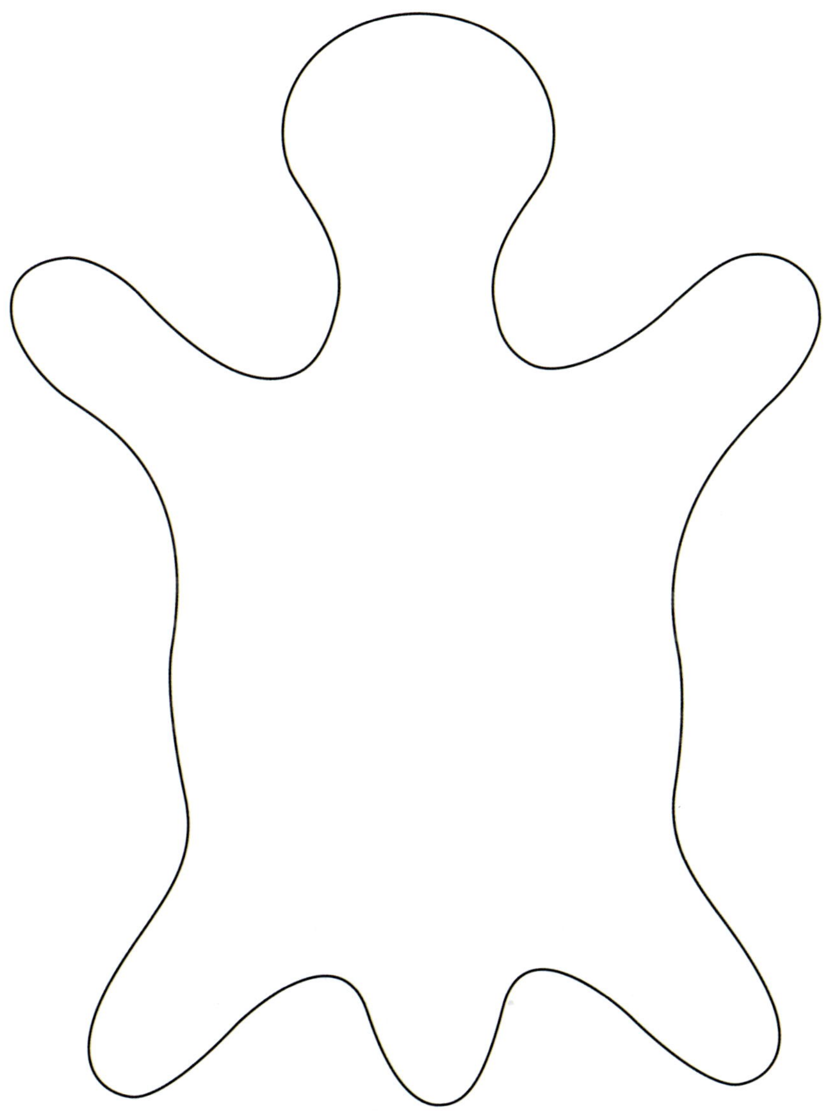

Über die Autorin

Claudia Hohloch, geboren 1981 in Schwäbisch Hall, ist verheiratet und lebt mit ihrem Mann und ihren beiden Töchtern in Gaildorf in Baden-Württemberg. Seit 2013 ist sie als Entspannungstrainerin, Aerial Yoga Trainerin und integrative Lerntherapeutin tätig und bietet Kurse für Kinder, Jugendliche und Erwachsene in allen Lebenslagen an. Sie arbeitet in ihren eigenen Räumlichkeiten, aber auch in Volkshochschulen, Kindergärten und Grundschulen sowie in verschiedenen Vereinen. Ihr Ziel ist es, ihre großen und kleinen TeilnehmerInnen mit Elementen aus Yoga, Kinesiologie und Qigong für ihre innere Stärken zu sensibilisieren und durch kleine Entspannungsinseln im Alltag für mehr Ausgeglichenheit zu sorgen.

Mit besonderem Dank an:

Lana & Zoé und
das ganze Team von Schildi Schildkrötel